Andreas Vierk
Meridiane

Herstellung und Verlag:
BoD - Books on Demand, Norderstedt
ISBN 978-3-7448-3407-0

Andreas Vierk

Ariadne

Sonette

Zueignungen

Für Dich, der Rose, die ein Meer entband,
das Schieferecho, Glas und Jadeklang,
den Neumondkolibri, den Fischgesang.
Für Dich, Pangaia – das heißt „Allesland".

Für mich, den Dichter, der auf Lippen schrieb,
der Amsel, die auf den Kartoffeln keimte,
das Lied, das Höckerschwan auf Freitod reimte,
das Sonnensegel, das doch Knospe blieb.

Für uns, den Lärmschmarotzer, der Olive,
der Zahl, den Ibis und die Direktive.
Für uns, den Hauch, der ins Erbeben mündet.

Für ihn, der Stare in die Nerven blies.
Für ihn, der seine Spur im Wasser ließ.
Der Grundmetapher, die das Wir verkündet.

Für Sokrates

Mitunter muss die welke Hoffnung sterben,
doch haben wir den Trost der Wirklichkeit,
und jeder Horizont bleibt atemweit,
muss auch das Gift die Außenhaut verderben.

Wird auch die Wahrheit hinterrücks ermordet,
so wird sie nicht ersetzt von unsren Träumen.
Wir Zweifler müssen die Verzweiflung zäumen,
wenn's in uns wutzinnobern überbordet.

Mitunter stirbt die Zukunft aus der Dose
und wird verschlungen von der Gegenwart,
dann glänzt die Ewigkeit in den Minuten.

Wir schöpfen Kraft für klare Diagnose.
Und was sich uns dahinter offenbart
ist unser inn'res Allerseelenfluten.

Für Sophokles

Wenn dich der Duft verblühter Rosen rot
umfängt, verpuppt und zu ersticken droht,
wenn du beginnst, im Alter zu ermatten,
und deine Schläfen zwingt dein Wesensschatten,

entsinne dich, wie jung ins Blau wir fielen,
von jedem hoch gesprossten Apfelbaum,
im Haar noch Wind und weißen Blütenschaum
wie wir noch ritten auf den scharfen Kielen

durch Gischt und Schnellen zu den warmen Schären
und tauchten durch zersetzte Ruderhäuser,
um in den Sonnenknospen zu verbrennen –

Und heut' am Pier die Kette weißer Fähren,
sie strahlt ins Land zum wartenden Kartäuser –
zu dir, mein Freund. – Muss ich dich „Charon" nennen?

Für François Villon

Ein Netz von weißen Blüten ist die Zeit.
Sie hat das All, den Wind, die See gefangen
und saugt die Farbe uns aus Stirn und Wangen,
und speit sie in den Strom „Vergessenheit".

Die vielen Farben, rote, blaue, grüne:
sie welken an der langen Straße hin.
An ihrer Flanke atmet Mnemosyne,
in der du Kalk bist und ich *noch* nicht bin.

Die schwarze Möwe und der weiße Rabe:
ich sah sie kurz in *einer* Welle treiben
und schwamm auf ihrer Spiegelflut zurück.

Die Wolke tönt wie eine Bienenwabe.
Ich geh nicht fort. Ich möchte länger bleiben
und treiben…
treiben in ein Honigwiesenglück.

ZWEI TÜRME SIND. Zwei Flammen flackern trübe
im blauen Neckar und im Bodensee.
Der schwarze Pegasus mutiert zum Reh.
Zwei Wasserkreise sind. Zwei Fieberschübe.

Zerbrechlich sind die weißen Handgelenke,
die Fingerknöchel, die im Licht ertrinken.
Der Atem selber muss ins Wasser sinken.
Der Tod, gefiedert, beugt sich in die Tränke.

Nur Stumme sind sich selber unverstanden
und wollen Vers und Lied in Irrsinn spiegeln.
Zerrüttung dreht sich in den Sarabanden
und muss zum Ausritt Flammeneber striegeln.

Die Haut verbrennt in Markt und Stadien,
und nur der Blick glänzt in Arkadien.

Für T.S. Eliot

Im Wald, die Niederkunft von Mrs. Johnes:
Die Kulleraugen im Druidentempel,
gewannen Dasein vom Beamtenstempel.
Im dichten Laubwald blühten Babyphones.

Wir waren blöd in unsrer Pyramide,
und trachteten nach schwarzen Staatskarossen,
dieweil die wilden Orchideen sprossen,
lachten uns Därme voller Herbizide.

Wir harren sehnsuchtsvoll, zurück zu kehren,
auf eigenen und fremden Stiefelspuren,
und schmelzen scheinbar fort und wurzelhin.

Wir wünschen nur, uns selber zu verzehren,
in unsren Kiefern weiße Tastaturen,
Krawatten, Kragen, Stricke unterm Kinn.

An meine Gedichte

Ihr seid nicht Kinder, doch Entäußerungen,
und tragt oft Masken vor der Ehrlichkeit,
seid funkelwund wenn alle Menschheit schreit,
die je hat um die Existenz gerungen.

Ich träumte letzte Nacht vom Untergang:
ihr wart wie meine Hände noch bei mir.
Verwandte, Freunde waren auch kurz hier,
als all das Liebgewohnte schon versank.

Ihr habt euch mit mir stolz emporgebäumt.
Ich fühlte meine Kiefer schon erkalten.
Zu Hall und Name wurde jedermann.

Ich habe letzte Nacht vom Krieg geträumt,
da hab ich euch zuletzt im Arm gehalten,
so wie man nur sich selber halten kann.

Lebenslinien

Der Dichter

Der Dichter liest im Herbst aus Blätterrippen
die Horoskope für die Honigbienen,
beginnt, dem Abendsonnenstrahl zu dienen
und balanciert als Nuss auf Frauenlippen.

Er dehnt sich aus, durchzuckt von Autobahnen,
legt seine Haut auf Löwenzahn und Weite.
Die Halsschlagader wird Gitarrensaite
und die Gedanken weichen dunklem Ahnen.

Der Dichter tauscht die Stirn mit den Planeten,
und sie verschenken ihre Quallenherzen,
um auf dem Hafenkai mit ihm zu scherzen.

Sein Puls geht achtsam in die Stille ein,
um für die Samenkapseln einzutreten,
für Leim und Blättchen, Flechten auf dem Stein.

Vom unmöglichen Wort

Wie kann ein Wort die Wirklichkeit ertragen,
auf unsren groben Lippen so fragil,
in unsren Gesten unbedachtes Spiel,
schon fast zersetzt von unsrem Hinterfragen?

Erweckte uns sein Flüstern einen Garten
von Seetang in der reflektierten Spur –
ein Ruderschlag, ein Segelzischen nur –
ertrüg sein Lied die Schnitte unsrer Fahrten?

Das ungesagte Wort vernäht die Lippen,
und hinter ihnen wird der Gaumen hart,
als schwiegen an ihm giftertaubte Klippen.

So mond- so schlüsselweiß wie Elfenbein,
so transparent, libellenflügelzart –
wie könnte je ein Wort gesprochen sein?

DIE SONNE sang mit einer Vogelkehle,
die war im Innern dunkelrot und wund.
So küsste sie mich heiß, und Mund an Mund,
spie sie Koronen hell in meine Seele,

und in mir flossen ihre Wasserfälle,
so ätzend, dass ich mich verbrennen wollte,
damit mein Herz in Samt und Dunkel rollte
wie eine schwere Kugel in der Welle.

Die Fenster, Autostraßen in den Lichtern –
ich weiß, sie wollen nicht mehr wirklich sein –
ertranken gierig in den Augentrichtern,

und mischten sich in den Kometenschein.
Und mir ergeht's wie vielen Liederdichtern:
Ich strudel in ihr Flammenspiel hinein.

Neinstedt, Ostharz

Sie spannt sich vom September zum Café.
Ihr Bogen spiegelt sich in Fensterscheiben.
Durch Brillengläser springt ein junges Reh,
Sekunden nur, und kann doch Brücke bleiben.

Ich lauf zurück den Mühlbach bogenüber.
In silbernen Kaskaden rauscht die Zeit.
Getuscht, ein Steg nur, geht vom Jetzt hinüber
in eine regentrübe Einsamkeit.

Noch sichtbar unter meinen Schritten: Planken,
die in den Monaten im Blick verschwimmen.
Der Schuh im Dunst ertastet eine Lücke.

Wie Trinker sehe ich die Jahre wanken
und höre Stürme die Gitarren stimmen.
In meinem Innern harrt die Jenseitsbrücke.

Blendung

Ihre Augen wurden gehalten.
Lukas

Gib uns an jedem Morgen reine Dinge:
die Wasserschale, Härte eines Steines,
Skorpion, der dreimal kräht – nur immer eines,
damit der Gong der Stille nicht verklinge.

Man sprach von Stickereien voller Lügen,
um unsre Stirnen, die doch Weizen tragen,
zerriss die Wirklichkeit in tausend Fragen,
um uns um Brot und Brunnen zu betrügen.

Und das Geflüster macht die Stirnen taub
und meint, die Klarheit könne uns verletzen.
Man will uns vor verzerrte Spiegel führen.

So klauben wir am Abhang Blätterfetzen
und suchen nach dem Spruch im nassen Laub
und nach den Schlüsseln für die offnen Türen.

Auf dem Land

Die junge Katze spielt mit meinen Händen.
Aus ihren ernsten Augen blickt die Zeit
mit Schneegebirgen klarer Einsamkeit.
Die Kälte atmet aus den Wolkenwänden.

Ein blauer Wind stürzt aus den weißen Kegeln.
Die Zeit sitzt lauernd vor dem Mäuseloch.
Stromkreise grinsen und zerteiln mich noch
für ihre Saat aus meinen Fingernägeln.

Das Kind der Katze hascht nach einer Maus.
Ich stehe auf dem weiten Feld allein
und treibe Schäume weißer Blüten aus.

Aus meinen Liedern keltert man den Wein.
Der Herbst streut seine weiten roten Schatten
und große Katzen jagen fette Ratten.

Du tanzt für sie

Du hast die Venen ihnen dargebracht.
Du frisst aus ihren Händen Wind und Viren.
Du löst dich auf, wenn die Hyäne lacht,
und wenn du schreist, wird niemand reagieren.

Nun legst du dein Gehirn auf einen Teller,
den du den Predigenden präsentierst.
Nur noch den Schierling! Morgen wird es heller,
wenn du im Schatten dein Gesicht verlierst.

Und dein Geschlecht? Sie trachten's abzuschneiden,
und werden es dir um die Ohren schlagen.
Doch morgen wird man dich mit Licht bekleiden,
sogar den Blumenwalzer mit dir wagen.

Ihr Metronom bestimmt den Daseinstakt.
Du wirst ins Dämmern tanzen. Lächelnd. Nackt.

ICH GEBE LEICHTHIN meinen Namen auf,
bezahle mich mit meinem Spiegelbild,
verschenke meine Haut, die nichts mehr gilt,
und werde unsichtbar im Wasserlauf.

Mein Blut erhebt sich wie ein roter Keiler,
geht gegen meinen dünnen Schatten an,
der niederwölkt an Türsturz, Wand und Pfeiler,
und der sich nirgends mehr verstecken kann.

Zum Glück verlier ich meine Dimensionen,
und meine Stirn wird wie die Butterblume
erst gelb, dann taub und dann gedankenlos.

Ich bin nicht hier. Nichts zwingt mich, hier zu wohnen,
auch nicht als Tropfen in der Ackerkrume,
selbst nicht als Tod in einem Mutterschoß.

Es FÄLLT MIR SCHWER, noch objektiv zu bleiben.
Der Nebel hat von mir Besitz genommen.
Er löscht aus mir, was eben aufgeglommen,
und will mich im Zement zu Wut zerreiben.

Nein, nein! Ich wollte monolithisch sein,
und meine Haare sollten weithin brennen.
Ich wollte beim genauen Namen nennen,
was aus den Schatten trat beim Fackelschein.

Um uns zerflossen Uhren, schmolz die Welt,
der Flint, die Jade, so wie wir sie kannten,
die Muttersprache und das Vaterland.

Nichts ist beständig. Nichts das Worte hält.
Im Nebel wird das Du zum Hierophanten.
Die Wirklichkeit entzieht mir ihre Hand.

DIE WIRKLICHKEIT: sie ist mein totes Kind.
Es schwebt im See, dicht unter seinem Spiegel,
in meinem Mund, direkt am Lippensiegel,
im Schluchzen, wo die Uferschlehen sind.

Die Locken duften nach Basilikum.
Es dreht im See sich lustig um und um,
und dennoch kann ich nicht mehr drüber lächeln,
obwohl ihm doch die Schleiereulen fächeln.

Im Tod ist es noch wirklicher geworden,
als stünde es kurz vor der Auferstehung
und wartete auf seine Lichtsekunde,

dann will das Wasser in mir überborden.
Ich lege Rosmarin auf seine Wunde,
verharre schweigsam in der Schneeverwehung.

SCHNEE IM AUGUST und permanente Schauer
im Blutkreislauf, geleert von Samt und Molke.
Revolte rollt heran: die Walzenwolke
bricht licht sich eine Bresche in die Mauer.

Der Morgen kam auf Storchenflügeln her,
da wurden alle Träume vor ihm bitter,
und Sterne, faulig, sah'n durchs Fingergitter
des Menschen Hauch, sein stolzes Nimmer-Meer.

Wann schreckt ein Wunschland auf im Taubenblau
und Wein verstrahlt am Dach aus roten Ziegeln?
Der Mond verknistert in den Würgefeigen.

Der Treidelkahn schwimmt hell im Bärenklau,
die Nachtigall spinnt Netze ins Verschweigen,
Resignation verzuckt in Wasserspiegeln.

Die Spur neben meiner

Durch Blätterrispen blickt ein Auge, weiß
und irislos, als würde Wasser schweben,
und auf gehauchten Sonnenfasern beben.
Die Birken laufen Schlittschuh auf dem Eis.

Ein Scheitel wird zur schroffen Felsenwand,
nur um sich fernhin wieder abzusenken.
Das Gestern will die Schritte rückwärts lenken,
und in ihr Morgen greift die blinde Hand.

Und mir im Nacken glüht sein Siegelring:
Zaunkönigmahnung, winziger Komet.
Wer war's, der nicht an meiner Seite steht?
Der nimmer kam und blieb, und nimmer ging?

Nur über Birken weht sein Frauenhaar.
Der See verschwimmt, wird gänzlich unsichtbar.

Magnolia

Weck nicht die Kelche der Magnolie
aus ihrer hellen Traumbefangenheit,
noch Pegasus: er ist nicht sprungbereit.
Auch deine Wachheit ist nur Folie.

Du hebst vielleicht dein Lid und merkst verfrüht,
wie sich das Morgenrot zu Staub zerkleinert,
dieweil dein Atem deine Brust versteinert
und Nebelschauer über dir versprüht.

Wenn du dich finden willst, verharre still
und lass dich nochmals durch die Träume treiben.
Der Pegasus verschäumt und kann doch bleiben.

Und wenn das weite Land erwachen will,
dann löst es dich aus deinem Traumbetrug
und küsst dein Lid zu Wind und Blütenflug.

DER KIRSCHBAUM BLÜHT. Unmöglich, hier zu leben.
Der Himmel – rosa – steht auf einem Bein.
Die Sonne scheint zu scheinen, scheint zu sein.
Dein Blütenpuls muss spiegelfern erbeben.

Das Leben selbst – du raubst es jeder Stunde.
Aus jeder Stunde saugst du Sein und Zeiten.
Und unterm Kirschbaum die Unmöglichkeiten
verschlafen deinen Schlaf wie Wasserhunde.

Wie soll man sein? Wie soll man's fernerhin,
wenn hier so augenweiß die Blüten stehn
und wenn dein Hiersein hier sein Dasein träumt?

Und wenn dein Blut so weiß im Kirschbaum schäumt,
wird nicht der Kirschbaum immer mit dir gehn,
als wärest du der weißen Blüten Sinn?

Die Bitterknospe, die am Gaumen wacht,
der Schuppen mit den frisch geteerten Kielen,
die Plastik-Putten, die den Wind zerspielen,
der Marmorphallus, der dazwischen lacht:

Ich will den Frühling anders, gierig, trinken,
als hätte ich ein Maul von Horizonten,
inmitten von geschund'nen Mastodonten,
die blutig in die Sonnenmeere sinken.

Im Tau erwachen neue Motorhauben
und grinsen gegen all die pittoresken
Burgwälle, Fachwerkhäuser, Gartenlauben.

Schallmauern grollen hin im Mühlengraben.
In meiner Stirn verglühen Sternenfresken,
die ihre Lesbarkeit verloren haben.

DAS GIFT DER SCHWARZEN ZEIT fließt durch die Adern,
doch mein Bewusstsein lenkt die Wirklichkeit.
Ich steuer zäh, die Lebensbahn ist weit,
und oft will ich mit meinem Schicksal hadern:

Es bremst mich aus, ich tret aufs Gaspedal,
und beide Schläfen grauen als Skorpione.
Obwohl ich in geheimen Rosen wohne,
zergeh ich Muttermal um Muttermal.

Im Seitenspiegel wehen meine Nerven.
Die Zielgerade, unerreichbar nah,
lässt Berge über meine Flanken fließen.

Ich will das Lenkrad aus dem Fenster werfen,
weil niemals jemand meine Rosen sah,
wie sie so still aus meinem Rücken sprießen.

VORM NÄCHSTEN BAHNSTEIG spring ich aus dem Zug,
mit seinen Jacken voller Selbstbetrug
und seinen toten Amseln im Getriebe.
Ich roll ins Gras, als gäbe es die Liebe.

Der Wind entkleidet mich in Brombeerreben.
An meinen Armen bleiben Blätter kleben.
An allen Dornen lass ich meine Haut,
bis dass mein Selbst als Apfel aus mir blaut.

An meinen Schenkeln heulen Fuchs und Wiesel.
Die Sohlen bluten Flammen ins Geschiebe,
so leuchten vogelbeerenrot die Kiesel.

Mein Flug ist frei, weil ihn kein Wind mehr hält.
Und wenn mein Atem in ein Lächeln fällt,
wird alles hell, als gäbe es die Liebe.

Exil in meinem Mittelpunkt

Ich springe. Springe von mir selbst zu mir.
Zeitlinien, Zeitfäden, Tuch aus Gaze.
Ich springe, schlage Haken wie ein Hase.
Ich habe Angst, dass ich mich selbst verlier.

Die Haut aus Zeit, in die ich mich verspann,
wird fadenscheinig, bleibt zurück beim Sprung.
Sprang ich ins Ziel, nackt von Erinnerung,
dass ich mir selbst aus meinen Fingern rann?

Und wenn er bröckelt, der Kokon aus Garn,
legt er den Raum frei, der im Zentrum bleibt,
den Sichelufersand mit meiner Spur,

die sich in Riss und Furcht und Nacktheit schreibt,
Minuskel, Tempelfresko und Textur
der Stätte der Geburt in Wind und Farn?

Ode an die Einsamkeit

Nur das ist Glück: für dich allein zu sein.
Ein stetes Reiten auf vertrauter Welle.
Am Morgen weckt dich deine Seelenhelle
kaleidoskopisch über Bucht und Hain.

Wie geht das: nimmer die Balance verlieren?
Auf langer Farbenreise sich verträumen?
Im Krebsgang zwischen Wald- und Ufersäumen,
dich mit den Blüten deines Selbst zu zieren?

Sich wie das Echo über Schluchten schwingen,
mit einem Lächeln durch den Schützengraben
wie von Girlande durch Girlande gehen –

Nur das ist Glück: dich selbst zum Freund zu haben,
im Sonnensturm das Menschsein zu zerwehen,
nur, um als Lied dich selbst darin zu singen.

Libelle

Als wär die Brücke schwierig zu beschreiten,
so saitenschmal vom Nimmermehr zum Bald,
wie zwischen Taubenblau und Schierlingswald,
so sah ich dich in die Koronen gleiten.

Im Stroh, in Blätterrispen, Flügelschatten,
blieb dein Kokon, gefüllt mit Gestern, hier.
Das Gaukelspiel der Zeit kam auch zu mir,
zog Fischernetze über Gehwegplatten.

Wir straucheln – ich im Laufen, du im Flug –
Wir taumeln durch den leichten Blütenschaum
und sind doch beide Schlüssel *einer* Tiefe.

Wir geben uns dem Wind und Selbstbetrug,
als wenn uns niemals eine Stimme riefe,
wie ein Vibrieren am Gewittersaum.

ICH FÜHLE WEIßE STILLE um mich strudeln,
als wäre mein Erwachen eine Reise.
Das Blässhuhn stößt an meine Wange leise,
doch Zeit und Wasser kann es nicht besudeln.

Ich werde transparente Monde pflücken,
und jeder soll wie eine Stunde sein.
Sie wachsen schon in meinen Mund hinein.
Ich treibe in die Weite auf dem Rücken.

Wer stieß mich an und trieb mich in die Zeit?
Wer legte Feuer, ließ es auf mir brennen?
Wer sprach das Amen, als ich mich gebar?

Wann ist mein Herz zum Glockenschlag bereit?
Wann wird die Stunde meinen Puls erkennen?
Wann weitet sie sich in ein Vogeljahr?

Das Leben bleibt ein Traum

Beschrieb das Meer mich mit Vergessensschwingen,
versank in meinem Blut ein Nachmittag
um einzugehn in reines, tiefes Blau –

wie kann ich seinen Stundenschlag besingen?
In meinem Rücken träumt der Frachtverschlag,
noch bleiben die Konturen ungenau –

Der Zugang für den Tropf in meinem Arm,
das leise Zirpen von dem Messgerät,
die Neonlampe, die den Puls vernäht:
sie bringen mich zurück. Mein Blut wird warm.

Mein weißer Leib bleibt ohne Naht und Narben.
Ich seh' den Uferkai von ferne winken.
Wie alles Stückgut muss der Atem sinken,
um wieder einzuklingen in die Farben.

Meridiane

Sonnensaiten

I

Die Sonnenknospe ist zerborsten! Sie
zerfloss zum Horizont, zum weiten Rund.
Sie wurde zur Membran, zum Gong, zum Mund.
Sie sang den Abzählreim, die Melodie,

die auch der Krokus noch verhalten singt.
Er hat im Kelch die Sonne neu geboren.
Sie keimt in ihm, vollkommen weltverloren,
so wie ein Du im andren Du ertrinkt.

Sie flattert auf, Zaunkönig erst, dann Taube,
dann Storchenflügel, transparent im Hauch.
Sie liegt auf jeder Zunge, deiner auch.

Sie spiegelt sich in unsrer Augentraube,
hat sich auf Lippen wie ein Kuss gesonnt,
zerschmilzt in uns zu Lied und Horizont.

II

Heut Morgen sang die Sonne zur Gitarre,
sie hing noch timbregrün im Chlorophyll,
sie stieg wie eine Taube aus dem Müll,
dem Stahlgerüst, der leeren Mörtelkarre.

Ich habe sie belauscht: Sie sang von Händen,
von uns und unsrem ängstlichen Erzittern,
von Fingern zwischen Flügeln und an Gittern,
auf weichgecremter Haut, an kalten Wänden.

Von Bienen sang sie auch. Ihr großes Thema
jedoch war der Asphalt, die Last der Toten,
die große Liebe: Menschen! Wir allein,

Genmanipulation, Matritzenschema.
Und doch für sie, die Sonne, sind wir Noten,
und sollten nun beginnen, Lied zu sein.

Das Gedicht unter den Planeten

Du Meer von Klang, du Jadevision,
du Tropfen voller Milch- und Wabenlicht!
Du Brand und Weite, ich begreif dich nicht!
Mein kleiner Atembecher leert sich schon.

All die Planeten neigen sich vor dir
wie Engel und Dämonen vor dem Kind,
für das die Blicke Dunkelsterne sind.
Du transzendenter neugeborner Stier.

Sieh, wie mein Wort vor dir in Nacht versinkt!
Ich breche ein vor deinem Leprablick,
der durch die hellmetallne Maske dringt.

Du Syrinxrohr in Strudelgalaxien,
Kein Pfau hat so in Liebesqual geschrien,
wie du, noch mit gebrochenem Genick.

Die Ostsee

Inseln sind Augen! Helle Küsten schmelzen
wie Schlangenringe in die Schatten ein.
Als würden Sagen gegenwärtig sein,
so handelt Wind mit Öl und Biberpelzen.

Die Nornenfinger ziehen Spinnenfäden,
die Küsten miteinander zu verbinden.
Du meinst die Bernsteintropfen aufzufinden
jenseits der Souvenire in den Läden?

Memoriale liegen mit den Fischen
in Märkten, Liedern und Geselligkeit.
Segel und Schwingen wehen von weither.

So bluten wir umschattet in die Zeit.
Im Muschelohr muss der Atlantik zischen.
Die Wolke wiederglänzt das Mittelmeer.

Metamorphosen im Hochmoor

Die Abendsonne fiebert auf der Heide
und fliegt als Wiesenweihe übers Moor.
Von ihrer Atzung flattert sie empor,
pocht auf der Warte einer alten Weide.

Wie unterm Wetzstein werden Lichter schärfer,
dieweil die tiefe Wolke dunkler blaut,
der Sonnentürmer von der Zinne schaut,
und dann zerfließt, mutiert zum Flammenwerfer.

Die Rebhuhnmutter rettet ihre Brut
und schmilzt mit ihren Kücken in die Binsen,
nervöses Mondlicht schwimmt auf Purpurglanz,

zieht einen Kreis in deiner Irisglut.
Reich mir die weiße Hand zum Bauerntanz,
bevor du abtauchst in die Wasserlinsen.

An eine Moorleiche

Im hohen Torf, wo alle Wege enden,
versenkst du feierlich den Butterkrug.
Ins Dorf, das dich begrub und weitertrug,
mag dich die Abendsonne mit ihr senden.

Nachmittag schrieb sich in die alte Erde,
dem Mäuerchen, dem irdnen Topf, den Misteln
als Evangelium auf Lippenfisteln
im Gold und Regengrau der Schnuckenherde.

Aus der Kapelle quillt der Mondchoral,
aus nahem Dorfkrug trunkene Gesänge,
aus deinem Sonntagshaar fällt Thymian.

Dies schwingt in dir – der Zeit ist es egal.
Sie zirpt als Strom im stählernen Gestänge,
und träumt im Schlafabteil der Eisenbahn.

Blick über den Frachtpier

Das Licht läuft aufrecht mal und mal gebückt
zum Hafen unter unsren schweren Lasten.
Siehst du die Zeit vom Kai zum Schlepper hasten?
Hier Blick dort Atem hat sie schon gepflückt.

Fern in den Wellen klaffte eine Lücke,
wie etwas in die Pulse Löcher schnitt.
Schon schwindet wieder diese Jenseitsbrücke,
nimmt unsren Schmerz in ihren Gischten mit.

Von Amaryllen eine wehe Kette
treibt mit der Welle an den hellen Strand.
Und diesmal... diesmal hob sie meine Hand.

Da trieb mein Atem mit ihr um die Wette.
Ich wollte bleiben, doch er wollte wehen,
wollt' ohne mich auf diese Brücke gehen.

Aus Russland

Für Arseni Tarkowski

Die Tiefe rauscht nicht mehr in meinen Ohren,
so wie der Sternennebel nicht mehr blaut
und schmilzt nicht mehr wie Wind in meine Haut.
Es ist, als gehe ich mir selbst verloren.

Der Kirschbaum tanzt nicht mehr auf meinen Poren,
so wie die Biene nicht mehr nach mir schaut,
nicht ihre Wabe in die Schulter baut.
So bleibe ich der Stunde ungeboren.

Ich möchte dass die helle Schwinge streift
als zarte Schwester meine Augenbrauen,
und dass wie vormals meine Strophe greift

ins Brandungshaar, wie in das Haar der Frauen,
dass an der Schläfe eine Kirsche reift,
und dass die Biene flüstert: Hab Vertrauen!

Das Mittelmeer

So wie der Schnee auf seinem Spiegel schwimmt,
schmiegt sich die Marmorwange an die deine.
Von Fels zu Fels spannt sich die Wäscheleine.
Des Nachbars Laken sind ins Blau gestimmt,

doch hebt sich weiß von unsres Schlafes Welle
wie aus Oliven der Bewusstseinsstaub,
entlässt sein Licht aus altersdunklem Laub,
und Spiegelschlieren treiben durch die Helle.

Leicht scheint ein Götterhimmel sich zu finden
und sinkt doch schnell in sein Mysterium.
Wie sich ins Wasser Blütenkreise binden

so treibt der Bote müßig sich herum
mit seiner Nachricht von dem wahren Sein,
streut seine Briefe weiß in uns hinein.

Ode auf die Orange

Für Maike, Thomas Bernhard

Man sagt, die Nessel sei ein dunkles Meer,
Narkissos, der sich trunken in sich spiegelt,
ein Schweigens-Ozean, gedreht, versiegelt.
Wo aber kam die Sichelmöwe her?

Ihr Flug riss vieles aus dem Unsichtbaren,
auf Mosaiken diesen Widerschein –
auf Treppen wollte er ein Teppich sein –:
die Eruption von Gelb im Wasserklaren,

sie lächelt unter Blättern halb verhüllt.
Die Möwe lieh ihr einen Flügelschatten
und nahm den anderen in ihren Tod.

Die stille unhörbare Welle brüllt.
In Sonnenflecken unter Zierrabatten
verwelkt die Nessel in ihr eignes Rot.

Leonardo

Sahst du in Sturz und Bogenflug die Krähen
im dunklen Schwarm um Abendkuppeln branden,
als wollten sie auf deiner Schulter landen,
um schließlich in der Ferne zu verwehen?

So stürzen – blieb uns nicht der Atem aus? –
auch wir in leere Taumelgalaxien,
als würde uns ihr Strudel zu sich ziehn,
um an der Flanke eines Kirchenbaus,

die Kurve böenauf zu korrigieren.
Dies war dein Traum – und unter Flugmaschinen
brennt ein Gedanke auf und wird zu Staub.

Und dann, im Abendduft der Apfelsinen,
der sich vermischt mit dem gesunknen Laub,
beginnst du ein Sonett zu deklamieren.

BIBLIOTHEKENVOLL war diese Nacht.
Die Hauchfassaden wachten auf dem Hügel,
verschlossen, mythenfern, Libellenflügel.
Im Weinberg hat der Morgen Wind entfacht.

Das Licht der Silben rundet die Orangen,
weil sie so leicht sind vom Gewicht der Lieder.
Uns aber treibt es in die Straßen nieder
auf Nervenbahnen von Kaffeemelangen.

Eisdielen blühen auf im Stoßverkehr.
In Büchereien welken alte Bände,
verlebte Poster schmücken kahle Wände.

Ich schöpfe aus dem Nebel der Ideen
und trinke gierig ihre Brunnen leer,
bis Mittags Kuss und Strophe traumverwehn.

La Corrida

Durch Tunnel Lichtes lässt die Angst ihn rennen.
Resignation und Panik sind zwei Achsen.
Schmerz und Verzweiflung lassen Flügel wachsen,
in deren Flammen seine Flanken brennen.

Und selbst die Sonne hat nur Gift zu bieten:
Sie strahlt ins Rund mit ihrem Fieberglanz.
Der Stier verschäumt sich irr in seinem Tanz
inmitten unsrer Pulse, Schreie, Riten.

Wir sehen wie ein großes Auge bricht
und möchten vor dem Tod zusammenkauern.
Wir finden unsre eigne Seele nicht.

Durchlässig sind wir für Kometenschweife,
zerrüttet von zu vielen Nervenschauern
und Fäulnis mitten in der Apfelreife.

Basilika

Mein Antlitz schmilzt, doch meine Stirn bleibt weiß
und kalt, obwohl sie Fieberschübe plagen.
Mein Puls muss Löwe sein und Flamme wagen.
Mein Atem ist von süßen Kirschen heiß.

Ein Korb mit Äpfeln färbt den Erdkreis rot,
erglänzt von Gift und stillem Untergang.
Doch, mittelmeerisch, die Korallenbank
will leuchten unter Mole, Wein und Brot.

Von Taumeltürmen lallt der Muezzin
und heult wie der Kojote in den Mond,
wenn auf der Zunge mir der Docht verglimmt.

Das Gold: es will nicht aus der Glocke fliehn,
obwohl ihr Mund, von Bienen unbewohnt,
sein stummes Amen formt im Wüstenzimt.

Gibraltar – ein Traum

Säulen, die bislang noch niemand sah,
Durchgang für die weißen Flugzeugträger.
Herakles war Maurer, Fliesenleger.
Tor von Spanien nach Afrika.

Horizonte mit dem Gold versunken
hunderter Piratengaleonen.
Monitore füttern Embryonen.
Sonne taumelt in das Meer, betrunken.

Billardmond rollt übern Wolkentisch.
Ansichtskarte, braun vom Tintenfisch.
Molly Bloom grinst mit den Felsenaffen.

Alles machen unsre Hirne wahr:
Phasenprüfer und Kristallkaraffen.
Wasserspiegel träumt von Gibraltar.

Der Atlantik

Nur wenn du phantasierst erklingen Lieder,
fern monotoner Tageslitanei.
Nur wenn du träumst empfängt das Hirn den Schrei
der Möwe mit dem weißen Windgefieder.

Doch sollst du achtsam sein und stetig wachen,
bis dich ein Dunkel in den Tiefschlaf zwingt,
und ein Geheimnis deinen Puls durchdringt:
ein leisen Flüstern und ein stilles Lachen.

Was ist? Erwachst du nie in eine Helle,
vor der der Augenlidernebel weicht?
Erkenne endlich die Bewusstseinswelle,

wie sie sich mischt in deinen Daseinstraum,
und wie sie deinen Porenstrand erreicht
und auf der Haut verstrahlt in Sonnenschaum –

Für Vincent van Gogh
und Paul Celan

DAS SELBST VERSPRÜHT in tausend Farbenklängen,
von denen jeder eine Stimme ist:
der Abendhimmel strahlt als Amethyst,
die Ährensonne will das Herz versengen.

Das Lid, bretonisch, wird ein Fremdling bleiben,
auf dessen Leinwand Flammengitter tanzen.
Auf rauher Haut den Liebesakt der Wanzen,
muss sich das Lippenrot am Lichthag reiben.

Die Poesie der Sprache ist zerborsten,
damit sie eine Stimme tragen kann,
die still versirrt, wo Aschenflügel horsten.

Sie hat das Maß des Wortes überschritten.
Die Tagstirn mäht Vergissmeinnicht im Tann,
der Stille ein paar Silben abzubitten.

Und Audubon saß am Sankt-Lorenz-Strom

Türkis des Windes war verhüllt von Schwingen,
die Welle sättigte der Kabeljau.
Die Zeit schrieb Linien ins Schiefergrau,
die Räume hörten Buckelwale singen.

Und Audubon saß am Sankt-Lorenz-Strom.
Die Ahornwälder überm Zeichenstift
verbluteten in Rausch und Wellendrift,
und Wachteln tauchten braun durchs Blattarom.

Und heute blutet lediglich die Wolke
durch Fensteraugen über Milch und Molke.
Türkis des Windes atmet in das Gras.

Und aus dem Zirkel fließen die Fabriken,
in denen Starkstrom pulst und Schweine quieken,
und sich die Stunde leert ins Menschenmaß.

MITUNTER SIND DIE TAGE STURMUMTOST
und auf und nieder wogen die Prärien,
dann wieder ruhig, deinen Nerven Trost,
siehst du die Graugans in die Weite ziehn,

bemerkst du Städte in die Ferne sinken
und ins Vergessen, nah' der Eisenbahn.
Und in den Wolken glüht der rote Hahn,
will aus den Mündern der Kakteen trinken.

Der Berg dort hinten kneift ein Auge zu.
Das Flugzeug blinkt und scheint auf dich zu zielen,
die Gräser rauschen wie die Meeresalgen,

dein Schatten längt sich, baumelt schon am Galgen.
Zu deinen Füßen siehst du Katzen spielen,
dann fällt der Hammer, dir zu Nacht und Ruh'.

Der Panamakanal

Balboa war umrankt von Regenschlangen.
Dort, wo in Lehm und Ocker Schleusen hämmern,
dort spürte er im Rücken Stunden dämmern,
Lianengrün schnitt Rauten in die Wangen.

Zehntausend Kolibris und Schmetterlinge!
Gespensterfunken bunter Mayaseelen.
Tukane spien in harte Männerkehlen.
Die Lippen heute schließen Dichtungsringe.

Die Stunde flutete Gefängniszellen,
weil heute sich zwei Ozeane küssen,
mitunter zyklisch aneinander branden.

Im Westen bluten Sonnen in die Wellen.
Sie sind verzahnt wo sich die Schlangen wanden
und wir in unser Dämmern knospen müssen.

ICH HABE SCHLÜSSEL dunkelgrüner Türen,
und wie's dem Heuschreck, der von Hand zu Hand,
von Blatt zu Blatt, vom Blick zum Sonnenrand,
gelingt, sich grün durch uns hindurch zu spüren,

als klängen wir in seinem Madrigal,
so schwindet manchmal jede Industrie
zergeht zu Schaum vor reiner Empathie.
Nur du, Zerpulste, schließt mir dein Portal.

Vielleicht brauch ich das Bittere zum Leben,
und Süßes trägt es nur im Nachgeschmack.
Vielleicht gelingt es mir nur so zu beben:

Nur Holz zu sein, nicht Hand und nicht die Saiten,
Zikade oder Frosch im grünen Frack,
nur Melodie und Blutrausch in den Weiten.

Der Pazifik

Der Raum, die Zeit und alle Dimensionen,
wie sie sich tanzend auf der Haut verschränken,
sich an den Atem und das Blut verschenken,
sind Wellen nur und Spiegel-Illusionen.

Die Iris ist die Antwort auf das Licht,
ein Fenster auf den Ozean des Lebens.
Sie widerscheint auf seinem Blau vergebens
und taucht in seine Wesenstiefe nicht.

Will aus dem Jenseits etwas zu uns sprechen,
so dringt's ans Ohr wie Wind und Wellenbrechen,
als würde eine Seele zur Membran.

Und fiel ein Regenbogen in sie ein,
dem Wesenskern ein bunter Fisch zu sein,
schrägt auch der Schatten gleich dem Kormoran.

Jörn Utzon

Du brachst die Muschel auf in dieser Welt,
die stetig zarter wird, leicht und fragil.
Der schmale Küstenstreifen ist ein Kiel.
Er will hinaus, weil ihn kein Anker hält.

„Entfalte dich ins Blau", so heißt die Regel,
die letzte Form, die dir im Wind noch gilt.
So setzt die weiße Muschel ihre Segel
und bauscht sie stolz ins eigne Spiegelbild.

In ihrem Innern schäumen Lieder auf
und gischten ihre hellen Galerien,
verschwimmen fast im Hauchblau der Ideen.

Nur deine Kusshand hemmt noch ihren Lauf.
Sie ist vollendet weiß. Nun lass sie ziehn.
Nun löse sie von dir. Lass sie verwehn.

Der Indische Ozean

Der Keim, aus dem die Wirklichkeit entspringt
mit ihren Häfen, ihren Schleppern, Kränen
und dem Orangenmond in Büffelmähnen
und einem Lied, das aus der Gosse dringt –

er schwimmt im Lotos in geheimer Quelle.
Sie führt zur Trunksucht bei den Dschungeltieren.
Tagsüber wird der Tiefenschlamm zu Schlieren,
Nachts überkommt sie eine Meereswelle.

Aus Liebe bricht das Reh sich seine Glieder,
um es herum erwächst der Schattenhain,
mit seinem Nimbus kühler Atem-Auen.

Aus Liebe kehrt die Menschheitsflamme wieder,
und springt bewusst – viellecht ins Nichts hinein,
vielleicht in Myriaden weißer Pfauen.

Schleiertanz

Ist Weiß gefächert, Farben irisieren
als Aureole um den Mittelpunkt,
und Wolke, Berg und Farne sind getunkt,
als würden sie sich in dem Strahl verlieren,

der sie, geträumt, noch nicht geboren hat
und wieder taumeln lässt ins Ungedachte.
Er tanzt und balzt und fächert. Er entfachte
in seinem wilden Zirkel Blatt um Blatt.

So ist dein Leib, wenn deine Haut gefallen,
und Schatten fraßen deinen Körperbau,
ein Tanz von Nebeln, die in Nichts zerstieben,

ein Duft von Strahlen, Limbus, Kinderlallen.
Und hinter diesem Rad vom weißen Pfau
ist deine Seele voller Glut geblieben.

Damokles

Aura

Die Rosenblüte dunkelt und versinkt
ins eig'ne Selbst. Ihr tiefes Wesen bebt,
weil etwas Hohes in ihr blaut und lebt,
so mächtig, dass sie in die Sphären klingt.

Wo Aphrodite Lucifera blinkt
– der Stern der Zwischenzeit –, an Netzen webt,
im Mahlstrom fischt, nach Fadensilber gräbt,
bis sie ein transparentes Blau verschlingt,

da blüht die Rose unsichtbar und immer,
und dort entfaltet sich ihr Seelenduft,
entblättert in der Wolke Morgenschimmer.

Im Tau verspiegelt sich der letzte Stern,
verschließen sich die Herzen Gruft um Gruft,
verpochen ihre Pulse allzu fern.

Pythia

I

Prophetin, Schattennadel, die mich hält,
die du im Fruchtfleisch der Gitarren wohnst
und unsichtbar in Farbpaletten thronst,
wie du zerschattet in Atome fällst,

todschmale Schwinge, die das Ich zersingt!
Du kehrst Orangen in ihr Gegenteil.
Aus blassen Schweigens-Astern ragst du steil,
wenn sich der Atem aus dem Brustkorb wringt.

Ich werde flüssig, ziehst du deine Hand
aus meinem Blut. Und ballst du sie zur Faust,
dann hast du meine Regungen gebannt.

Trunksüchtig hast du Kerzenlicht zerzaust.
Du forderstest von mir ein Stundenpfand,
dass Dasein wieder durch den Genstrang saust.

II

Kommst du vorüber, schau durch ihr Gesicht
in einen tiefen, tätigen Vulkan.
In *deinem* Taumel schläft ihr Irrsinnswahn.
Du, der du *dich* nicht kennst, ermisst sie nicht.

In ihren Mündern tanzt es von Tentakeln.
Fast tragikomisch scheint dir die Zerstörung,
des Blicks, der Wangen. – Findet sie Erhörung,
ertrinkst du schon in Schauer von Orakeln.

Erkenne dich in ihr wie im Kristall:
In den Facettenaugen duftet Zeit,
und blütenzart erscheint die Erdgeschichte.

Auf Schiefertafeln, Uhren – überall
gemahnt sie dich an Unvergesslichkeit.
Erkenne dich in ihr!... Nein, nein... verzichte...

Nornen

Unter der Braue spiegelt sich die Zeit,
wie unter allen regengrauen Brücken
ein schweres Lebensjahr mit seinen Lücken,
gestillt, geschaukelt von der Ewigkeit.

Ein jedes Weh ist in sie eingebunden
und wacht erneut in den geschälten Morgen,
und wieder singt die Ewigkeit den Sorgen
und bläst dem Atem über ihre Wunden.

Sie streut hinein das Licht der Galaxien
wie Salz in eisenrote Wasseradern,
die murmeln, murmeln, mit dem Schicksal hadern,

die rinnen, rinnen, vor sich selber fliehn,
die mit den Spinnen an den Rädern bauen,
und Netze weben unter Augenbrauen.

DU BIST GESCHAFFEN, um ins Licht zu gleiten,
dich jung und voll von Liedern aufzulösen,
dich zu verschenken als ein Flügelwesen,
unter dem milden Wind der letzten Zeiten.

Auf stillem Wehen des Korallenmeeres
bist du nun selber sonnenrot geworden,
trägst auf den Händen so viel Silberschweres
und willst von Rost und Eisen überborden.

Am letzten Tag der Schläfen und Planeten
säst du das Feuer in die Blumengärten,
um Stunden lang zu ziehn und Blei zu härten.

Die Haut gestriemt von blauem Weh und Nähten,
und regennass bist du's, der ausharrt, bleibt,
dieweil ein Morgen in den Nebel treibt.

Ode an einen Selbstmörder

Niemals geboren zu sein,
Höheres erdachte kein Geist!
Sophokles

Wie mich der Frosch im Teich zum Singen treibt,
versiegelt er auch manchen Mund zum Schweigen.
Er trinkt das Chlorphyll bis in die Neigen
des Bechers, der für ihn Entsetzen bleibt.

Als körperlos das Glück der Seelen brannte,
wie es aus mir noch Strophen und Sonette
verfasst, zerriss dem Andren eine Kette,
als ihn sein Sog in diese Fremde bannte.

Ich muss mit ihm die Existenz bedauern,
besonders wenn er in die Liebe stürzt
und wenn das Sein an seiner Seele frisst.

Vor seinem Suizid muss ich erschauern,
weil selbst der Schreck die Oberlippe schürzt –
und doch: mich freut, dass er zu Hause ist!

Irgendwann

Wir müssen für die hellen Stunden zahlen
mit einer Strophe, ihre Zeit zu preisen.
Bring unsren Atem dar: den Rest der Speisen
mit einer Blüte auf dem Rot der Schalen.

Man wird geboren und gebiert in Qualen,
um durch das Selbstgeborene zu reisen.
Die Zeit ist wiederholbar in den Kreisen
und in den Reinkarnationsspiralen.

Erinnerungen: Echos, Spiegelstaub
für jene, die dich nicht vergessen werden,
so wie ich dich nicht treiben lassen kann.

Für eine Zeit nur sind wir blind und taub,
und in den Scherben warten die Gebärden,
bis wir vereint erwachen – irgendwann.

ZEIT KANN SICH TÜRMEN wie die schwere Woge,
und dennoch bleibt die Seele unbewegt,
hat sich auch Trauer über sie gelegt,
und Poren zittern unter ihrer Droge.

Ja, eine Droge ist den Lippen Zeit.
Sie welken leise unter dem Entzug,
und auch das Herz erliegt dem Selbstbetrug,
und fahlen Sommers letzter Heiterkeit.

Zeit kann als Abgrund in ein Urmeer reichen.
Sie hilft der Weite Brustkorb aufzuweichen,
damit sie preisgibt ihre Kürbisernte.

Zeit krümmt sich in die Sterne und die Poren.
Und nur die Seele fühlt sich nicht verloren,
wenn Zeit sich aus dem letzten Hauch entfernte.

Wanderlied

Wir fließen fort wie Schaum und Algenfäden.
Auf unsren Zungen schläft und atmet Lauch.
Wir sind Ideenmahd und Frühlingshauch.
Wir hör'n einander in den Träumen reden.

Wir werden uns verlieren, wiederfinden
auf immer höheren Entwicklungsstufen.
In Zeitspiralen werden wir uns winden,
doch hören wir in uns das Schweigen rufen?

Uns zu zersingen sind wir auserkoren,
uns zu zersterben werden wir geboren.
Das ganze Leben brennen unsre Nerven.

Wir sind ein Ölfilm auf der Stirn der Zeit,
sind Rost und Staub vom großen Messerschärfen.
Leb wohl! Wir gingen miteinander weit…

GEFROREN liegt die Stadt im grauen Schiefer,
das Trambahnnetz mit seinen Linien,
dem Relief von Bucht und Pinien,
im Polizeilabor der Rattenkiefer.

Kopfunter muss der Gartenzwerg verharren.
Im Taubenhof liegt Druckpapier entlaubt.
Die Meise fiel erschreckt vom Zweig, ertaubt
von Schlagzeug, Tamburin und E-Gitarren.

Der Turnschuh stinkt nicht mehr vom Hallensport.
Wär noch ein Ohr für einen Jazz-Akkord,
es wär verfallen im Dornröschenschlaf,
wie in den Böen jeder Epitaph.

Im Kurpark fressen Schatten die drei Affen,
Von Hagens' Leichen spielen ewig Karten,
in Lorcas Brunnen schwebt das tote Kind.

Soweit die Tage auch aus Flintstein sind,
Eichhörnchen kalt in Kohlenkellern warten
und aus den Fenstern Haifischaugen gaffen –

dereinst wird wieder blühen jener Garten
mit seinem Duft von altem Wein im Wind
und neugeblasenen Kristallkaraffen.

Ich weiss, dass Stunden Vorstadtgärten sind.
Wir müssen ihre Bittersäfte saugen.
Der helle Eiswind wäscht das Weiß der Augen,
als küsste er sie für das Jenseits blind.

Auch glüht er Tunnel in das Wolkenspiel
und formt es sich zu Gang und Obergaden.
Ich seh dich laufen an den Brandfassaden,
als fielen Blüten, liliengrazil.

Die Straße schlingert in die Weltenräume,
die Zeit kommt kaum im Nebel hinterher.
Die Stadt stürzt wie ein Lemming in ihr Meer.

Windmüde Lider sinken auch hinein.
Realität wird schmelzen wie die Träume.
Wir werden hinter ihr wahrhaftig sein.

DAS LICHT DER NACHT kam nicht von einem Mond.
Was aufzog überm Tann, dem dunklen, stillen,
gehorchte einem kristallinen Willen,
wie er dem Magnetismus innewohnt.

Auch kein Planet befahl den Armbanduhren,
nach seinem Blei und Durchgang sich zu orten.
Wir wussten nichts und suchten nur nach Worten,
weil fremde Farben durch die Haare fuhren.

Wie leuchteten die Schläfen weiß und grau,
den nahenden Gewittern dort entgegen!
Wir schwiegen und wir konnten uns nicht regen.

So kam der blaue und der weiße Pfau.
Sie pfiffen durch das Dunkel wie Kometen.
Wir sangen: Milliarden Nachtmagneten.

Auf einem Jupitermond

Für Stanley Kubrick

Licht prallt auf Licht und Zeit sprüht in Kaskaden,
Handflächen werden völlig surreal.
Es widerspricht sich selbst im stillen Tal
die Rose, irr und statisch aufgeladen.

Wie sie uns Lichter in die Augen funkt!
Wenn bergauf sprang der Silberstrom der Liebe –
was rann aus uns, das nicht doch in uns bliebe,
in jedem als des Weltalls Mittelpunkt?

Ins Notenheft der Wahrheit schreibt sich ein,
was Traum ist, Trunkenheit und Phantasie.
Erst ohne Zeit wird jeder wirklich sein.

Auf unsren Wangen schwingen Elektronen.
Nicht existent ist nur das reine Nie.
Es darf in unsren Händebechern wohnen.

Abschied

Für Elke

Auch diese Stunde muss ins Morgen fließen,
wie alle zarten Dinge, und vergehen.
So wird das Jahr sich wieder weiter drehen,
so wird der Gletscher deine Türe schließen.

Am Ende wie am Anfang steht Erschüttern.
Durch meinen Rücken fließt Adrenalin,
wie ihren Südweg erste Störche ziehn
und Amseln ihre Kuckuckskinder füttern.

Dem Abschied wohnt das Unwägbare inne,
doch bringt's vielleicht ein leichtes Lied zur Welt,
auf einer Bö die Sommermelodie,

auf einem Schlaf die ersten hellen Sinne,
den Augenblick, der Ewiges enthält
und ein Vielleicht, das blüht aus einem Nie –

Anhänge

Glossar

Adrenalin – Stresshormon, wird über das Rückenmark ins Blut ausgeschüttet.

Annette von Droste-Hülshoff (1797-1848) Deutsche Lyrikerin und Erzählerin („Die Judenbuche")

Aphrodite Lucifera – Kunstname des Planeten Venus. Aphrodite (gr.) und Venus (lat.) bezeichnen die Göttin der Liebe. Allerdings brachte man diese in der klassischen Zeit nicht mit dem Planeten in Verbindung. In römischer Zeit wurde der Planet, der ja auch der Morgenstern ist, als „Luciferus" (Lichtbringer) bezeichnet, was wiederum im Mittelalter ein Beiname Satans war.

Ariadne – mythische Halbgöttin, die dem Helden Theseus einen Faden gab, so dass er damit aus dem Labyrinth des Königs Minos hinaus finden konnte.

Arkadien – Landschaft in Griechenland, steht in der Poesie oft für Hirtenidyll und mythisch glückseliges Leben.

Arseni Tarkowski (1907-1989) russischer Lyriker

Audubon – John James (1785-1891), Amerikanischer Ornitologe, Zeichner und Maler.

Aura – „Energiekörper", Ausstrahlung in esoterischen Lehren. In meinen Gedichten steht sie auch für die vom Körper befreite Seele.

Aureole – Heiligenschein und Sonnenausstrahlung, siehe *Nimbus, Korona.*

Balboa – der spanische Conquistador Vasco de Balboa brach im Jahr 1513 an der Atlantikküste von Panama auf und erreichte im selben Jahr nach über 80 Kilometern durch den Dschungel als erster Weißer den Pazifik.

Basilika – dreischiffiges Kirchengebäude, in griechischer Zeit als Markt- und Gerichtshalle verwendet.

Charon – Fährmann der griechischen Mythologie, der die Toten ins Jenseits übersetzt.

Chlorophyll - Blattgrün

Corrida – spanisch für Stierkampf

Damokles – beneidete Dionysios, den Tyrannen von Syracus (reg. 367-357 v.Chr.) Deshalb brachte dieser ein Schwert über Damokles' Kopf an, das nur von einem Rosshaar gehalten wurde.

Direktive – Anordnung, Arbeitsanweisung

Embryonen – Mehrzahl für Embryo. Andere Möglichkeit: *Embryos*

Epitaph - Grabinschrift

Eruptionen – Vulkanausbrüche, Sonnenwinde

Facettenaugen – aus mehreren Linsen zusammengesetzte Augen von Insekten und Gliederfüßern

François Villon (1431-1461) – Französischer Dichter des Spätmittelalters. Er wurde zeitlebens als Verbrecher verfolgt. Seine Lyrik gilt als zeitgemäß, parodistisch, eindringlich und besonders leidenschaftlich.

Friedrich Hölderlin (1770-1843) Deutscher Lyriker

Galeone – spanisches Kriegsschiff des 16. Jahrhunderts

Genstrang – Träger der Erbinformation in jeder Körperzelle. Mütterliche und väterliche Erbinformationen bilden im Nachkommen einen neuen Genstrang, der in jeder Zelle wie ein unverwechselbarer Fingerabdruck ist.

Hierophant – Hoherpriester

Jörn Utzon (gest. 2008) – dänischer Architekt, besonders des Opernhauses von Sydney.

kaleidoskopisch – auf das Kaleidoskop bezogen. Dies ist ein als Spielzeug verwendetes, innen verspiegeltes Rohr, in dem sich farbige Glasscherben oder Halbedelsteine befinden. Durch Drehung entsteht ein immer neues und vergängliches kristallines oder blumenförmiges Muster.

Kartäuser - Eremit

Koronen – Strahlenkränze

Leonardo – Leonardo da Vinci (1452-1519), Maler, Dichter und Universalgelehrter der italienischen Renaissance.

Limbus – Nach alter katholischer Auffassung Zwischenbereich im Jenseits von Himmel und Hölle, vergeichbar dem griechischen Elysium.

Lorca, Federico Garcia (1898-1936) Spanischer Lyriker, wurde im Spanischen Bürgerkrieg unter Franco erschossen.

Madrigal – mehrstimmiger Vokalgesang in der Renaissance
Mastodonten – Urelefanten.
Membran – „Häutchen", Trennschicht u.a. an Bindegewebe
Memorial, Memorandum - Gedenkschrift
Metamorphose – mythische Verwandlung eines Tieres oder einer Pflanze in ein anderes Lebewesen. Der Begriff wird allerdings auch in der Genetik verwendet.
Metapher – Sinnbild
Metronom – Taktzähler in der Musik
Minuskel – Schrift in „kleinen", oft gerundeten Buchstaben, in Mitteleuropa etwa um 800.
Mnemosyne – in der griechischen Mythologie der Fluss in der Unterwelt, dessen Trunk die Erinnerung zurückbringt. Mnemosyne ist in einer anderen Version die Muse der Erinnerung.
Molly Bloom – Figur im „Ulysses", einem Roman des irischen Schriftstellers James Joyce. Ihren Worten zufolge ist sie in Gibraltar aufgewachsen. Im irischen Folkslied „Spanish Lady" ist sie vermutlich gemeint.
Monolithisch – auf den Monolithen, eine Gesteinsart, bezogen. Hier „kompakt", „einsam dastehend".
Muezzin – Gebetsrufer der Moslems
Myriade – unzählbare Menge
Mysterium – Geheimnis
Mystik – Einweihung. Gebetspraxis, die eine Einswerdung mit dem Göttlichen erreichen will.
Nemesis – griechische Göttin der Vergeltung
Nimbus – Heiligenschein
Nornen – Schicksalsgöttinnen der nordischen Mythologie
Obergaden – oberer Umlauf des Mittelschiffes einer *Basilika*
Pangaia (oder Pangäa) – Urkontinent, der in alle bekannten Kontinente zerbrach.
Paul Celan (1920-1970) – deutscher Lyriker und Übersetzer. Seine „Todesfuge" zählt zu den bekanntesten deutschsprachigen Gedichten.
Pegasus – geflügeltes Pferd in der griechischen Sage. Es gilt als Sinnbild der Poesie.

Phallus – erigierter Penis in der Kunst.

Phasenprüfer – elektisches Messgerät für die Stromspannung.

Pittoresk – malerisch

Pythia – griechische Wahrsagepriesterin im Apollontempel von Delphi

Reinkarnation – Wiedergeburt

Sarabande – höfischer Tanz des 16. Jahrhunderts

Sokrates – klassischer Philosoph (gest. 399 vor Chr.)

Sophokles – klassischer Dramatiker (gest. 406 vor Chr.). Werke u.a.: „König Ödipus", „Antigone"

Stanley Kubrick (1928-1999) US-amerikanischer Regisseur und Drehbuchschreiber. Mein Gedicht bezieht sich auf seinen Film „2001-Odyssee im Weltraum".

Suizid – Selbstmord

Surreal – unwirklich

Syrinxrohr – Schilfrohr als Flöte. Nach der griechischen Mythologie war Syrinx eine Quellnymphe, die von der Waldgottheit Pan verfolgt wurde. In ihrer Verzweiflung verwandelte sie sich in Schilf. Die Flöte ist – auch in der indischen Mythologie – ein Sinnbild für das durch den Atem Gottes beseelte Wesen.

Thomas Bernhardt (1931-1989) österreichischer Schriftsteller. Er behauptete u.a., man dürfe keine Orange mehr beschreiben, da jeder wüsste, wie eine solche aussehe. Darauf bezieht sich mein Gedicht.

Timbre – Stimmfarbe. Jede Stimme hat ihr individuelles Timbre.

T.S. Eliot (1888-1965) englisch-amerikanischer Lyriker („The waste Land")

transzendent (lat. „überstiegen"), das Göttliche, jenseits der Erfahrung und normalen Sinneswahrnehmung liegende.

Von Hagens, Gunther (geb. 1945), deutscher Arzt, der durch die Ausstellung präparierter Leichen einen zweifelhaften Ruf in der Kunstwelt genießt.

zyklisch – sich wiederholend

Inhalt

Zueignungen

Lebenslinien

Meridiane

Damokles

Der Autor

Andreas Vierk über sich selbst: „Geboren und aufgewachsen bin ich im Westteil Berlins. Ich bereiste fast alle Länder Westeuropas und schreibe seit meinem zehnten Lebensjahr Prosa und Lyrik. Die Beschäftigung mit Fossilien ließ mich den Abgrund der Zeit erblicken, Designermöbel und Architektur die Wunder des Raums und die Idee des Menschlichen. Meine umfangreiche Bibliothek nenne ich scherzhaft *Kammer der Weisheit und Frömmigkeit.* Im April 2015 brachte ich meinen Lyrikband *Septemberstrand* heraus, und fast auf den Tag 2016 den Prosaband *Café Shirokko.* Der vorliegende Sonettenband *Ariadne* und sein Zwilling *Tempus Fugit* erschienen beide 2017. Ich schreibe und atme in Berlin."

Platz für eigene Notizen

Platz für eigene Notizen

Platz für eigene Notizen